Heidi Grund-Thorpe · Natascha Sanwald

Freundschafts-bänder

LUDWIG
selbermachen

Das Geheimnis der Freundschaftsbänder

Seitdem der Ethnolook als Modetrend Furore macht, sind die farbintensiven Freundschaftsbänder, die ihren Ursprung in Mittel- und Südamerika haben, als Accessoire ein absolutes Muß, und das nicht nur bei Jugendlichen. In etwas abgewandelten Mustern und in Kombination mit Steinen, Perlen usw. finden die Bänder in allen Altersgruppen ihre Anhänger.

Freundschaftsbändern werden magische Kräfte zugeschrieben. In dem Moment, in dem das Band um den Arm geknotet wird, darf der oder die Beschenkte sich etwas wünschen. Tag und Nacht bleibt es am Arm, und erst wenn das Band zerfällt, wird der Wunsch in Erfüllung gehen. Aber selbst wenn man nicht daran glaubt, so ist es doch wirklich ein echter Freundschaftsbeweis, Knoten für Knoten aneinanderzufügen, um zum Schluß ein individuelles Geschenk zu überreichen und damit die eigene Verbundenheit auszudrücken.

Ein riesiger Vorteil der Bänder liegt auch darin, daß selbst die schwierigsten nur mit vier verschiedenen Knoten geknüpft werden, und selbst mit einem einzigen Knoten, der immer wiederholt wird, kann schon ein tolles und farbenfrohes Band entstehen.

Als Ergänzung zeigen wir noch Leder- und Funbänder, die ebenfalls mit wenig Aufwand und zum Teil sogar schon von kleinen Kindern herzustellen sind.

Inhalt

Grundsätzliches — 4
- Material — 4
- Vorbereitung — 4
- Knüpftechnik — 4
- Die vier Knoten — 6

Einfache Bänder für den Anfang — 8
- Übungsband — 10
- Schmales Streifenband — 11
- Schmales Pfeilspitzenband — 12
- Breites Pfeilspitzenband — 13
- Symmetrisches Pfeilspitzenband — 14

Ethno-, Fisch- und Lochmusterbänder — 16
- Fischband — 18
- Dreizackband — 20
- Wellenband — 21
- Zacken-Streifen-Band — 22
- Zickzackband — 24
- Filigraner Farbmix — 26

Bänder mit Perlen, Conchas und Holz — 28
- Band mit Türkisrosette — 30
- Türkise und Glasperlen — 32
- Streifenband — 33
- Rosenband — 34
- Conchas-Band — 36
- Indianisches Band mit Holzperle — 38
- Band mit Metallwalzen — 40
- Keramikperlenband — 42

Bänder mit Leder, Steinen und Knöpfen — 44
- Bastband mit Muschel — 46
- Lederband mit Flußkiesel — 46
- Buchstabenband — 47
- Stretch-Armband — 47

Impressum — 48

Grundsätzliches

MATERIAL

Als Knüpfmaterial eignet sich jedes glatte Garn aus Baumwolle oder auch Seide. Wir haben bei den Bändern Perlgarn und Sticktwist von MEZ Coats verwendet, aber auch Reste von dünnen Strickgarnen aus Baumwolle kann man nehmen. Wolle ist nicht geeignet, da sie beim Knüpfen zu viele Fasern verliert, so daß das Band am Ende viel schmäler als am Anfang werden würde.

In Kombination mit einzelnen Perlen, Halbedelsteinen oder Conchas, die bei Lederkleidung Verwendung finden, sind bei der Variation der Bänder keine Grenzen gesetzt. Ein Stein am Flußufer, den man als Erinnerung an einen Spaziergang zu zweit aufgehoben hat, kann in der Mitte durchbohrt und in das Freundschaftsband eingeknüpft werden. Individueller kann ein Geschenk gar nicht sein.

Die einzigen Hilfsmittel, die man braucht, sind eine Schere, eine Sicherheitsnadel und ein Hosenbein bzw. ein Tuch, das man sich ums Knie bindet. Daran wird die Sicherheitsnadel befestigt, die wiederum die zusammengeknoteten Fäden hält.

VORBEREITUNG

Für fast alle Bänder gilt: die einzelnen Fäden in der entsprechenden Anzahl und den angegebenen Farben auf eine Länge von 90 cm zuschneiden. Sollte ein Band davon abweichen, wird nach der Materialangabe darauf hingewiesen. Die Fäden auf gleicher Höhe nebeneinanderlegen. Mit ca. 10 cm Abstand zum Anfang der Bänder einen Knoten knüpfen, der aber nicht zu fest angezogen werden sollte. Durch diesen Knoten die Sicherheitsnadel stecken, die anschließend am Hosenbein in Kniehöhe oder an einem Tuch, das ums Knie gebunden wird, befestigt wird.

Die Fäden dann in der angegebenen Reihenfolge von links nach rechts fächerartig nebeneinanderlegen. Achtung: Die Reihenfolge der Fäden bestimmt den Farbverlauf des Musters und läßt sich, hat man erst einmal angefangen, nicht mehr ändern.

KNÜPFTECHNIK

Für jeden Knoten werden immer zwei Fäden benötigt, wobei ein Faden der Spannfaden und der andere der Arbeitsfaden ist. Mit dem Arbeitsfaden werden jeweils zwei Knoten, später als Doppelknoten bezeichnet, über dem Spannfaden geknüpft, der dabei straff gehalten werden muß. Durch den Knüpfvorgang wechseln Arbeits- und Spannfäden immer wieder ihre Funktion, d. h., aus einem Arbeitsfaden wird ein Spannfaden und umgekehrt.

Die Fäden werden nach jedem Arbeitsschritt ihrer Lage nach neu durchnumeriert, d. h., der linke äußere Faden ist immer F1.

Die vier Knoten

Der rechts-gerichtete Knoten

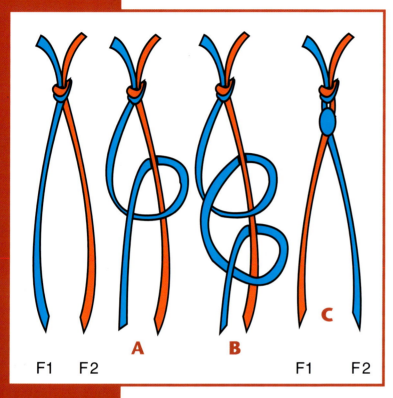

F1 ist hier der Arbeitsfaden, F2 ist der Spannfaden.

A Den Spannfaden F2 mit der linken Hand (Linkshänder mit der rechten) spannen, den Arbeitsfaden F1 von links nach rechts über den Spannfaden legen, hinter den Spannfaden führen, durch die Schlinge nach vorne ziehen und nach oben schieben.

B Den zweiten Knoten genauso ausführen und fest an den ersten schieben; dabei muß der Spannfaden gespannt bleiben, nur der Arbeitsfaden wird nach rechts oben gezogen.

C Der Doppelknoten ist geknüpft, die Fäden haben jetzt die Position getauscht.

Der links-gerichtete Knoten

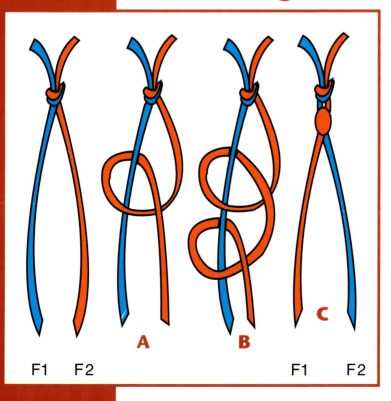

F1 ist hier der Spannfaden, F2 der Arbeitsfaden.

A Den Spannfaden F1 mit der linken Hand spannen, den Arbeitsfaden F2 von rechts nach links über den Spannfaden legen, hinter den Spannfaden führen, durch die Schlinge nach vorne ziehen und nach oben schieben.

B Den zweiten Knoten genauso ausführen und anschließend fest an den ersten schieben; dabei muß der Spannfaden gespannt bleiben, der Arbeitsfaden wird nach links oben gezogen.

C Der Doppelknoten ist geknüpft, die Fäden haben jetzt die Position getauscht.

Der rechts-links-gerichtete Knoten

F1 ist der Arbeitsfaden, F2 der Spannfaden.

A Den Spannfaden F2 mit der linken Hand spannen, den Arbeitsfaden F1 mit der anderen Hand von links nach rechts über den Spannfaden legen, hinter den Spannfaden führen, durch die Schlinge nach vorne ziehen und nach oben schieben.

B Den zweiten Knoten von rechts nach links über den Spannfaden legen, hinter den Spannfaden führen, durch die Schlinge nach vorne ziehen. Arbeitsfaden nach links oben ziehen.

C Der Doppelknoten ist geknüpft, die Fäden haben die gleiche Position wie vorher.

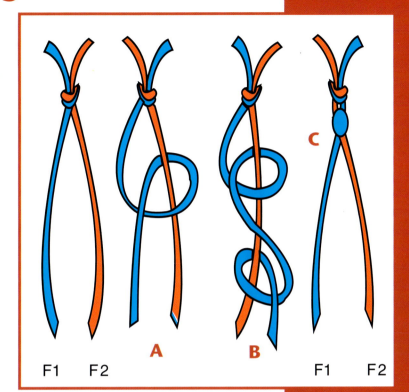

Der links-rechts-gerichtete Knoten

F1 ist der Spannfaden, F2 der Arbeitsfaden.

A Den Spannfaden F1 mit der linken Hand spannen, den Arbeitsfaden F2 mit der anderen Hand von rechts nach links über den Spannfaden legen, hinter den Spannfaden führen, durch die Schlinge nach vorne ziehen und nach oben schieben.

B Den zweiten Knoten von links nach rechts über den Spannfaden führen, durch die Schlinge nach vorne ziehen. Arbeitsfaden nach rechts oben ziehen.

C Der Doppelknoten ist geknüpft, die Fäden haben die gleiche Position wie vorher.

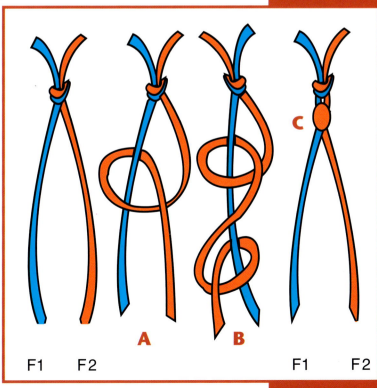

Einfache Bänder für den Anfang

Bei Freundschaftsbändern gilt: Aller Anfang ist leicht! Mit nur zwei verschiedenen Knoten lassen sich wunderschöne Muster erstellen. Modische Farbkombinationen steigern den Effekt.

Übungsband

MATERIAL

Sticktwist

Nr. 303 Gelb
F1 und F2

Nr. 43 Dunkelrot
F3 und F4

Nr. 148 Blau
F5 und F6

VORBEREITUNG

Die Fäden 90 cm lang abschneiden, verknoten und fixieren. In der angegebenen Reihenfolge fächerartig ausbreiten.

KNÜPFVORGANG

A Mit F1 Gelb je einen rechts-gerichteten Doppelknoten über F2 bis F6 knüpfen.

B Damit ist die erste Reihe fertig, der neue Faden F1 ist jetzt der ursprüngliche Faden F2.

C Den Knüpfvorgang A mit allen Farben in der angegebenen Farbfolge durchführen. Nach 6 Knüpfreihen liegen die Farbfäden wieder in der ursprünglichen Reihenfolge nebeneinander. Knüpfvorgang A so oft wiederholen, bis eine Länge erreicht ist, die dem Umfang des Handgelenks entspricht.

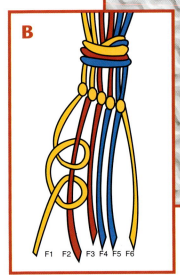

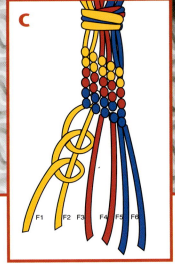

ABSCHLUSS

Die Fäden teilen, einen Zopf flechten und mit einem Knoten fixieren. Den Knoten an der Sicherheitsnadel lösen. Auch die andere Seite mit einem Zopf und einem Knoten beenden.

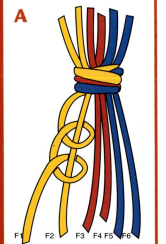

ÜBRIGENS...

Die Schönheit der Bänder wird durch die Regelmäßigkeit der Knoten bestimmt. Üben Sie diese Technik so lange, bis Sie den Knoten richtig beherrschen, und wagen Sie sich dann an ein schwierigeres Muster. Durch Farbvarianten oder Varianten in der Anzahl der Fäden bekommen Sie außerdem immer wieder anders aussehende Bänder, wie am Beispiel „Schmales Streifenband" zu sehen ist, das sich auch sehr gut zum Üben eignet.

Schmales Streifenband

VORBEREITUNG
Siehe unter Vorbereitung des Übungsbandes.

KNÜPFVORGANG

A Mit F1 Zitronengelb je einen rechts-gerichteten Doppelknoten über F2 bis F7 knoten.

B Die erste Reihe ist fertig, der neue Faden F1 ist jetzt gelb, F7 ist zitronengelb. Den Knüpfvorgang A mit allen Farben in der angegebenen Farbfolge durchführen.

C Nach 7 Knüpfreihen ist F1 wieder zitronengelb. Die Farbfolgen mit Knüpfvorgang A so oft wiederholen, bis eine Länge erreicht ist, die dem Umfang des Handgelenks entspricht.

ABSCHLUSS
Die Fäden teilen, einen Zopf flechten und mit einem Knoten fixieren. Den Knoten an der Sicherheitsnadel lösen. Diese Seite ebenfalls mit Zopf und Knoten beenden.

MATERIAL
Perlgarn

Nr. 286
Zitronengelb F1

Nr. 288
Gelb F2

Nr. 328
Apricot F3

Nr. 128
Hellblau F4

Nr. 216
Graugrün F5

Nr. 978
Mittelblau F6

Nr. 150
Dunkelblau F7

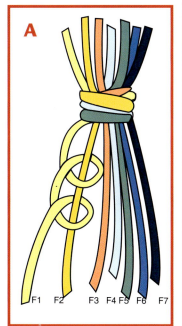
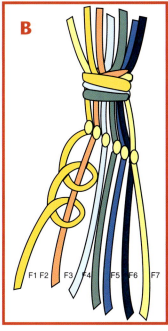
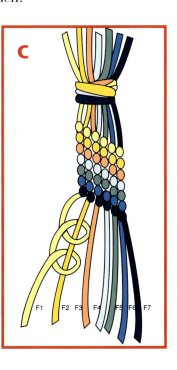

Schmales Pfeilspitzenband

MATERIAL
Sticktwist
Nr. 355 Mittelbraun
F1 und F8

Nr. 314 Orange
F2 und F7

Nr. 293 Gelb
F3 und F6

Nr. 241 Hellgrün
F4 und F5

VORBEREITUNG
Von jeder Farbe 2 Fäden 90 cm lang abschneiden, verknoten und die Sicherheitsnadel befestigen.

KNÜPFVORGANG
A Mit F1 Mittelbraun über F2, F3 und F4 je einen rechts-gerichteten Doppelknoten knüpfen.

B Mit F8 Mittelbraun je einen links-gerichteten Doppelknoten über F7, F6 und F5 knüpfen.

C Mit F4 Mittelbraun über F5 einen rechts-gerichteten Doppelknoten knüpfen.

D Den Vorgang A bis C so lange wiederholen, bis die Länge des Bandes den Umfang des Handgelenks erreicht.

ABSCHLUSS
Die Fäden an beiden Seiten aufteilen und zum Zopf flechten, den Zopf mit Knoten fixieren.

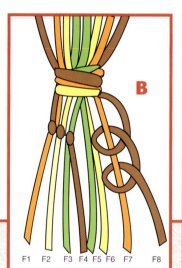
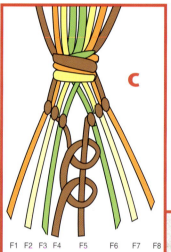
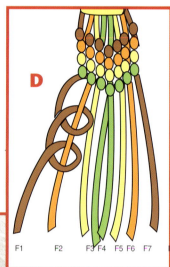

Breites Pfeilspitzenband

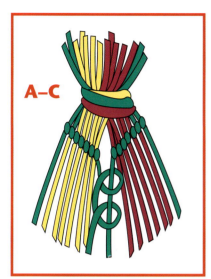

A–C

D

VORBEREITUNG
Je 4 Fäden in Grün und je 6 Fäden in Gelb und Orange 90 cm lang abschneiden, verknoten und die Sicherheitsnadel befestigen. Farben in der angegebenen Reihenfolge unterhalb des Knotens auffächern.

KNÜPFVORGANG

A Mit F1 Grün über F2 bis F8 je einen rechtsgerichteten Doppelknoten knüpfen.

B Mit F16 Grün über F15 bis F9 je einen links-gerichteten Doppelknoten knüpfen.

C Mit F8 Grün über F9 einen rechts-gerichteten Doppelknoten knüpfen.

D Knüpfvorgang A bis C fortlaufend wiederholen, bis der Umfang des Handgelenks erreicht ist.

ABSCHLUSS
Die Fäden an beiden Seiten aufteilen und zum Zopf flechten, die Zöpfe mit Knoten fixieren.

MATERIAL
Sticktwist

Nr. 217 Grün
F1, F2, F15, F16

Nr. 303 Gelb
F3, F4, F5, F6, F7, F8

Nr. 20 Dunkelrot
F9, F10, F11, F12, F13, F14

FARBVARIANTE
(Abb. Seite 4)

Nr. 187 Türkis

Nr. 302 Vanillegelb

Nr. 332 Orange

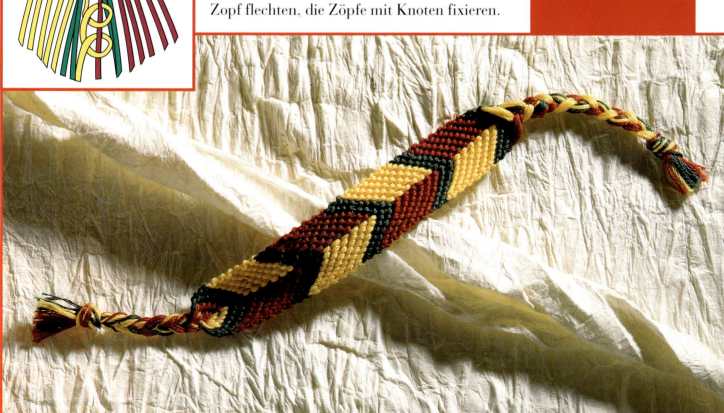

Symmetrisches Pfeilspitzenband

MATERIAL
Perlgarn

Nr. 189 Grün
F1 und F10

Nr. 316 Orange
F2, F3, F8 und F9

Nr. 186 Türkis
F4 und F7

Nr. 298 Gelb
F5 und F6

VORBEREITUNG
Die Fäden vorbereiten und an der Sicherheitsnadel fixieren, der Farbfolge entsprechend nebeneinander auffächern.

KNÜPFVORGANG

A Mit F1 Grün je einen rechts-gerichteten Doppelknoten über F2 bis F5 knüpfen.

B Mit F10 Grün je einen links-gerichteten Doppelknoten über F9 bis F6 knüpfen.

C Mit F5 Grün einen rechts-gerichteten Doppelknoten über F6 knüpfen.
Vorgang A bis C insgesamt 23mal wiederholen, die letzten beiden Knüpfreihen sind orange.

D Mit F1 Türkis je einen rechts-gerichteten Doppelknoten über F2 bis F4 knüpfen.

E Mit F10 Türkis je einen links-gerichteten Doppelknoten über F9 bis F7 knüpfen.

F Vorgang D und E in Gelb wiederholen.

G Mit F1 Grün je einen rechts-gerichteten Doppelknoten über F2 und F3 knüpfen.

H Mit F10 Grün je einen links-gerichteten Doppelknoten über F9 und F8 knüpfen.

I Mit F1 Orange einen rechts-gerichteten Doppelknoten über F2 knüpfen.

J Mit F2 Orange einen links-gerichteten Doppelknoten über F1 knüpfen.

K Mit F10 Orange einen links-gerichteten Doppelknoten über F9 knüpfen.

L Mit F9 Orange einen rechts-gerichteten Doppelknoten über F10 knüpfen.

M Mit F3 Grün je einen links-gerichteten Doppelknoten über F2 und F1 knüpfen.

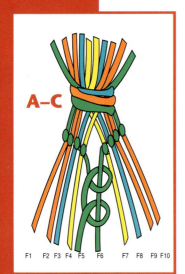

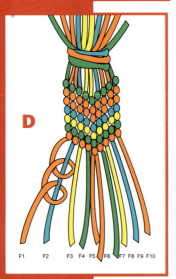

N Mit F8 Grün je einen rechts-gerichteten Doppelknoten über F9 und F10 knüpfen.

O Mit F4 Gelb je einen links-gerichteten Doppelknoten über F3 bis F1 knüpfen.

P Mit F7 Gelb je einen rechts-gerichteten Doppelknoten über F8 bis F10 knüpfen.

Q Vorgang O und P mit Türkis wiederholen, F5 und F6 nach unten ziehen.

R Mit F5 Orange je einen rechts-gerichteten Doppelknoten über F6 bis F10 knüpfen.

S Mit F5 Orange je einen links-gerichteten Doppelknoten über F4 bis F1 knüpfen.

T Vorgang R und S insgesamt 23mal wiederholen.

ABSCHLUSS
Die Fäden an beiden Seiten aufteilen, zu Zöpfen flechten und mit Knoten beenden.

Ethno-, Fisch- und Lochmusterbänder

Typische Muster für geknüpfte Bänder! Knüpffans werden schnell feststellen, daß allein durch die Anzahl der Fäden und Farbfolgen ein fast unendliches Musterspektrum entsteht.

Fischband

MATERIAL

Sticktwist

Nr. 226 Mittelgrün
F1 und F8

Nr. 240 Hellgrün
F2 und F7

Nr. 332 Orange
F3 und F6

Nr. 44 Dunkelrot
F4 und F5

VORBEREITUNG

Die Fäden abschneiden, verknoten und an der Sicherheitsnadel fixieren. In der angegebenen Farbfolge auffächern.

KNÜPFVORGANG

A Mit F1 Mittelgrün je einen rechts-gerichteten Doppelknoten über F2 bis F4, mit F8 je einen links-gerichteten Doppelknoten über F7 bis F5, mit F4 einen rechts-gerichteten Doppelknoten über F5 knüpfen.

B Vorgang A insgesamt 4mal wiederholen.

C Mit F2 Hellgrün je 2 links-gerichtete Doppelknoten über F1, mit F7 Hellgrün je 2 rechts-gerichtete Doppelknoten über F8 knüpfen.

D Mit F4 Dunkelrot je einen links-gerichteten Doppelknoten über F3, F2 und F1, mit F5 Dunkelrot je einen rechts-gerichteten Doppelknoten über F6, F7 und F8 knüpfen.

E Mit F4 Orange je einen rechts-gerichteten Doppelknoten über F5, F6 und F7, mit F4 Orange je einen links-gerichteten Doppelknoten über F3 und F2 knüpfen.

F Mit F4 Mittelgrün je einen rechts-gerichteten Doppelknoten über F5 und F6, mit F4 Mittelgrün einen links-gerichteten Doppelknoten über F3 knüpfen.

G Mit F4 Hellgrün einen rechts-gerichteten Doppelknoten über F5 knüpfen.

H Mit F3 Mittelgrün einen rechts-gerichteten Doppelknoten über F4, mit F6 Mittelgrün je einen links-gerichteten Doppelknoten über F5 und F4 knüpfen.

I Mit F2 Orange je einen rechts-gerichteten Doppelknoten über F3 und F4, mit F7 Orange je einen links-gerichteten Doppelknoten über F6, F5 und F4 knüpfen.

J Mit F1 Dunkelrot je einen rechts-gerichteten Doppelknoten über F2 bis F4, mit F8 Dunkelrot je einen links-gerichteten Doppelknoten über F7 bis F5, mit F4 Dunkelrot einen rechts-gerichteten Doppelknoten über F5 knüpfen.

K Vorgang A bis J wiederholen.

L Vorgang A 4mal wiederholen.

M Mit F1 Mittelgrün je einen rechts-gerichteten Doppelknoten über F2 und F3, mit F8 je einen links-gerichteten Doppelknoten über F7 und F6 knüpfen.

N Mit F1 Hellgrün einen rechts-links-gerichteten Doppelknoten über F2, mit F8 Hellgrün einen links-rechts-gerichteten Doppelknoten über F7 knüpfen.

O Mit F3 Mittelgrün je einen links-

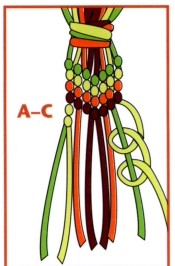

A–C

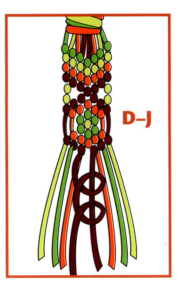

D–J

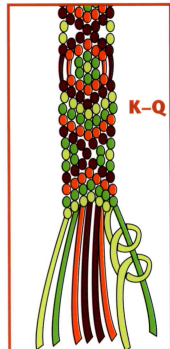

K–Q

gerichteten Doppelknoten über F2 und F1, mit F6 Mittelgrün je einen rechts-gerichteten Doppelknoten über F7 und F8 knüpfen.

P Mit F4 Dunkelrot je einen links-gerichteten Doppelknoten über F3, F2 und F1, mit F5 Dunkelrot je einen rechts-gerichteten Doppelknoten über F6, F7 und F8 knüpfen.

Q Mit F4 Orange je einen rechts-gerichteten Doppelknoten über F5 bis F8, mit F4 Orange je einen links-gerichteten Doppelknoten über F3 bis F1 knüpfen; Vorgang mit Mittelgrün und Hellgrün wiederholen.

R Vorgang D bis J und M bis Q wiederholen.

S Vorgang R wiederholen.

T Vorgang Q wiederholen.

ABSCHLUSS

Die Fäden teilen, an beiden Enden zum Zopf flechten und mit einem Knoten fixieren.

Dreizackband

MATERIAL

Perlgarn

Nr. 133 Blau
F1 und F2

Nr. 304 Gelb
F3 und F4

Nr. 332 Orange
F5 und F6

Nr. 255 Grün
F7 und F8

VORBEREITUNG

Die Fäden abschneiden, verknoten und fixieren. In der angegebenen Reihenfolge auffächern.

KNÜPFVORGANG

A Mit F1 Blau je einen rechts-gerichteten Doppelknoten über F2 bis F8 knüpfen.

B Vorgang A noch 5mal wiederholen.

C Mit F1 Grün je einen rechts-gerichteten Doppelknoten über F2 bis F7 und einen rechts-links-gerichteten Doppelknoten über F8 knüpfen.

D Mit F7 Grün je einen links-gerichteten Doppelknoten über F6 bis F1 knüpfen; die Spannfäden dabei immer nach unten ziehen, so daß sich ein Dreieck bildet.

E Mit F8 Orange je einen links-gerichteten Doppelknoten über F7 bis F1 knüpfen.

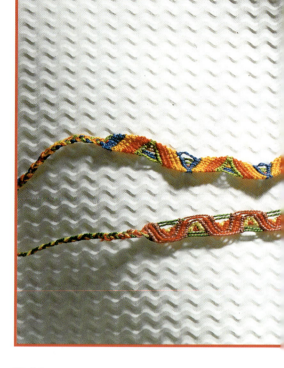

F Vorgang E insgesamt 4mal wiederholen.

G Mit F8 Blau je einen links-gerichteten Doppelknoten über F7 bis F2 und einen links-rechts-gerichteten Doppelknoten über F1 knüpfen.

H Mit F2 Blau je einen rechts-gerichteten Doppelknoten über F3 bis F8 knüpfen; die Spannfäden dabei immer nach unten ziehen, so daß sich ein Dreieck bildet.

I Vorgang A 4mal wiederholen.

J Vorgang C bis I insgesamt 4mal wiederholen.

K Vorgang A 2mal in Grün wiederholen.

ABSCHLUSS

Die Fäden teilen, zum Zopf flechten und verknoten.

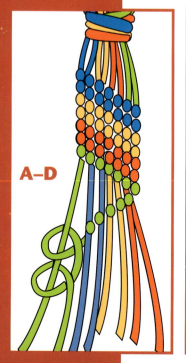

A–D

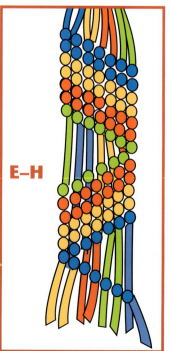

E–H

Wellenband

MATERIAL

Perlgarn

Nr. 245 Grün
F1, F2, F5 und F6

Nr. 278 Gelb F3

Nr. 46 Rot
F4 und F8

Nr. 972 Violett
F7 und F9

VORBEREITUNG

Die roten und violetten Fäden 100 cm lang, die anderen 90 cm lang abschneiden. Fäden verknoten, fixieren und von F1 bis F9 auffächern.

KNÜPFVORGANG

A Mit F7 Violett je einen links-gerichteten Doppelknoten über F6 bis F1 knüpfen.

B Mit F8 Rot je einen links-gerichteten Doppelknoten über F7 bis F2 knüpfen.

C Mit F9 Violett je einen links-gerichteten Doppelknoten über F8 bis F3 knüpfen.

D Mit F7 Rot je einen links-gerichteten Doppelknoten über F6, F5 und F4 knüpfen.

E Mit F7 Gelb einen links-rechts-gerichteten Doppelknoten über F6 knüpfen.

F Mit F4 Rot je einen rechts-gerichteten Doppelknoten über F5, F6 und F7 knüpfen.

G Mit F3 Violett je einen rechts-gerichteten Doppelknoten über F4 bis F9 knüpfen.

H Mit F2 Rot je einen rechts-gerichteten Doppelknoten über F3 bis F8 knüpfen.

I Mit F1 Violett je einen rechts-gerichteten Doppelknoten über F2 bis F7 knüpfen.

J Mit F3 Gelb je einen rechts-gerichteten Doppelknoten über F4, F5 und F6 knüpfen.

K Mit F3 Rot einen rechts-links-gerichteten Doppelknoten über F4 knüpfen.

L Mit F6 Gelb je einen links-gerichteten Doppelknoten über F5, F4 und F3 knüpfen.

M Vorgang A bis L insgesamt 6mal wiederholen.

N Vorgang A bis C wiederholen.

ABSCHLUSS

Die Fäden teilen, zum Zopf flechten und verknoten.

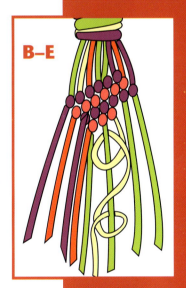

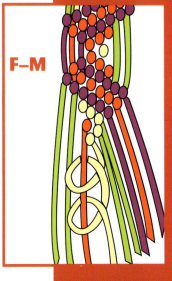

Zacken-Streifen-Band

MATERIAL
Sticktwist

Nr. 858 Hellgrün
F1, F3 und F6

Nr. 177 Blau
F2 und F5

Nr. 341 Rostbraun
F4

VORBEREITUNG
Die Fäden verknoten, fixieren und der Farbfolge entsprechend auffächern.

KNÜPFVORGANG

A Mit F1 Hellgrün je einen rechts-gerichteten Doppelknoten über F2 bis F6 knüpfen.

B Mit F1 Blau je einen rechts-gerichteten Doppelknoten über F2 bis F6 knüpfen.

C Mit F1 Hellgrün je einen rechts-gerichteten Doppelknoten über F2 bis F6 knüpfen.

D Mit F1 Rostbraun je einen rechts-gerichteten Doppelknoten über F2 bis F6 knüpfen.

E Mit F1 Hellgrün je einen rechts-gerichteten Doppelknoten über F2 bis F5 knüpfen.

F Mit F1 Blau je einen rechts-gerichteten Doppelknoten über F2 bis F4 knüpfen.

G Mit F1 Hellgrün je einen rechts-gerichteten Doppelknoten über F2 und F3 knüpfen.

H Mit F1 Hellgrün einen rechts-gerichteten Doppelknoten über F2 knüpfen.

I Mit F6 Rostbraun je einen links-gerichteten Doppelknoten über F5 bis F1 knüpfen.

J Mit F5 Blau einen rechts-gerichteten Doppelknoten über F6 knüpfen.

K Mit F4 Hellgrün je einen rechts-gerichteten Doppelknoten über F5 und F6 knüpfen.

L Mit F3 Hellgrün je einen rechts-gerichteten Doppelknoten über F4 bis F6 knüpfen.

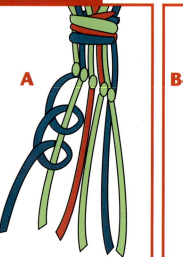

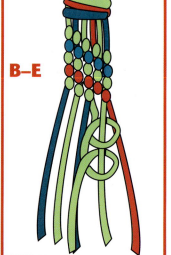

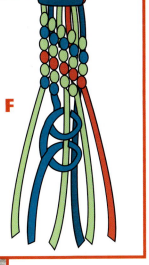

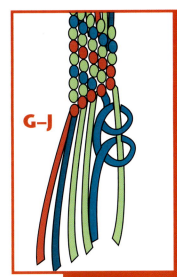

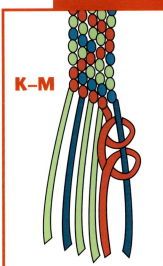

M Mit F2 Blau je einen rechtsgerichteten Doppelknoten über F3 bis F6 knüpfen.

N Knüpfvorgang D bis M noch 6mal wiederholen, anschließend eine Reihe D und als Abschluß A bis C knüpfen.

ABSCHLUSS
Die Fäden an beiden Seiten zu Zöpfen flechten und mit Knoten beenden.

ÜBRIGENS ...

Die Garne für die Bänder sind entweder in speziellen Handarbeitsgeschäften für Wolle und Stickereien zu kaufen, meistens bieten aber auch Kaufhäuser in den Kurzwarenabteilungen das gesamte Farbsortiment an. Ist eine bestimmte Farbnummer trotzdem nicht erhältlich, so ist das auch nicht schlimm, denn die Farben gibt es in so vielen Abstufungen, daß ein Ton heller oder dunkler kaum etwas am Gesamtbild ändert. Ein kleiner Hinweis: Vielleicht haben Sie eine Mutter oder Großmutter mit dem berühmten Nähkästchen, in dem sich noch Reste von Stickgarnen befinden! Das spart Geld und regt zu neuen Farbkombinationen an.

Zickzackband

MATERIAL
Sticktwist

Nr. 403 Schwarz
F1, F2, F3, F5, F7, F9

Nr. 177 Blau
F4, F8

Nr. 189 Grün F6

VORBEREITUNG
Die Fäden in Schwarz 90 cm lang, je 2 Fäden in Blau und einen Faden in Grün 110 cm lang abschneiden. Fäden verknoten und wie gewohnt an der Sicherheitsnadel befestigen.

Farben in der angegebenen Reihenfolge unterhalb des Knotens auffächern.

KNÜPFVORGANG

A Mit F2 Schwarz einen links-gerichteten Doppelknoten über F1 knüpfen.

B Mit F3 Schwarz je einen links-gerichteten Doppelknoten über F2 und F1 knüpfen.

C Mit F4 Blau je einen links-gerichteten Doppelknoten über F3 und F2 und einen links-rechts-gerichteten Doppelknoten über F1 knüpfen.

D Mit F6 Grün je einen links-gerichteten Doppelknoten über F5 und F4 und einen links-rechts-gerichteten Doppelknoten über F3 knüpfen.

E Mit F8 Blau je einen links-gerichteten Doppelknoten über F7 und F6 und einen links-rechts-gerichteten Doppelknoten über F5 knüpfen.

F Mit F9 einen links-gerichteten Doppelknoten über F8 und einen links-rechts-gerichteten Doppelknoten über F7 knüpfen.

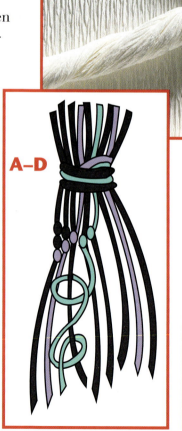

A–D

E–G

H Mit F6 Blau je einen rechts-gerichteten Doppelknoten über F7 und F8 und einen rechts-links-gerichteten Doppelknoten über F9 knüpfen.

I Mit F4 Grün je einen rechts-gerichteten Doppelknoten über F5 und F6 und einen rechts-links-gerichteten Doppelknoten über F7 knüpfen.

J Mit F2 Blau ebenso je einen rechts-gerichteten Doppelknoten über F3 und F4 und einen rechts-links-gerichteten Doppelknoten über F5 knüpfen.

K Mit F1 Schwarz einen rechts-gerichteten Doppelknoten über F2 und einen rechts-links-gerichteten Doppelknoten über F3 knüpfen.

L Mit F1 Schwarz einen rechts-links-gerichteten Doppelknoten über F2 knüpfen.

M Knüpfvorgang C bis L fortlaufend wiederholen, bis der Umfang des Handgelenks erreicht ist.

G Mit F9 Schwarz ebenfalls einen links-rechts-gerichteten Doppelknoten über F8 Schwarz knüpfen.

ABSCHLUSS
Die Fäden an beiden Seiten aufteilen, zu Zöpfen flechten und mit Knoten beenden.

Filigraner Farbmix

MATERIAL

Perlgarn

Nr. 101 Violett
F1 und F10

Nr. 304 Orange
F2 und F9

Nr. 305 Gelb
F3 und F8

Nr. 604 Pink
F4 und F7

Nr. 187 Grün
F5 und F6

VORBEREITUNG

Die Fäden abschneiden, verknoten, fixieren und der Farbfolge entsprechend auffächern.

KNÜPFVORGANG

A Mit F5 Grün je einen rechts-gerichteten Doppelknoten über F6 bis F10, mit F5 Grün je einen links-gerichteten Doppelknoten über F4 bis F1 knüpfen.

B Vorgang A nacheinander mit Pink und Gelb wiederholen.

C Mit F1 Gelb je einen rechts-gerichteten Knoten über F2 und F3, einen rechts-links-gerichteten Doppelknoten über F4, mit F3 Gelb je einen links-gerichteten Doppelknoten über F2 und F1, mit F1 Gelb je einen rechts-gerichteten Doppelknoten über F1 bis F4 knüpfen.

D Mit F10 Gelb je einen links-gerichteten Doppelknoten über F9 und F8, einen links-rechts-gerichteten

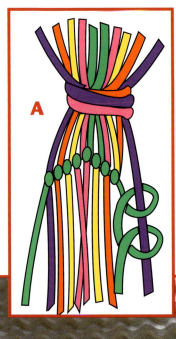

A

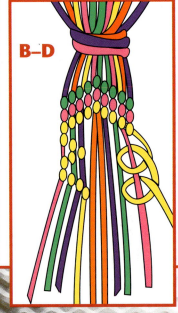

B–D

ÜBRIGENS ...

Normalerweise trägt man die Bänder am Handgelenk, bis sie durch die Abnutzung von selbst abgehen. Hat man aber eine größere Anzahl zur Verfügung oder unterstreicht die Farben der Bekleidung gerne mit einem speziellen Band, so ist es ratsam, die Bänder ab und zu zu waschen. Am besten geht das mit einem normalen Feinwaschmittel im handwarmen Wasser oder auch mit einem Shampoo (natürlich ohne Conditioner). Anschließend auf einem Handtuch liegend trocknen lassen. Falls sich das Band rollt oder einzieht, die Enden mit Stecknadeln feststecken. Dadurch ist es nach dem Trocknen ganz glatt. Außerdem kann man es von der linken Seite mit Einstellung „Baumwolle" (wenn Sie Sticktwist oder Perlgarn aus Baumwolle verwenden) bügeln.

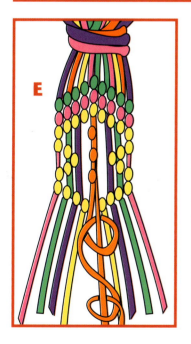

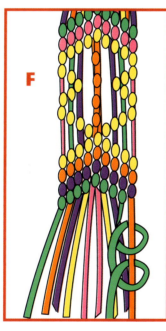

G Vorgang C bis E insgesamt 5mal wiederholen, bei der letzten Wiederholung entfällt der Vorgang E.

H Mit F1 Pink je einen rechts-gerichteten Doppelknoten über F2 bis F5, mit F10 Pink je einen links-gerichteten Doppelknoten über F9 bis F6, mit F5 Pink einen rechts-gerichteten Doppelknoten über F6 knüpfen.

Doppelknoten über F7, mit F8 Gelb je einen rechts-gerichteten Doppelknoten über F9 und F10, mit F10 Gelb je einen links-gerichteten Doppelknoten über F9 bis F6 knüpfen.

E Mit F5 Orange 4 rechts-links-gerichtete Doppelknoten über F6 knüpfen.

F Vorgang A 4mal wiederholen.

I Vorgang H mit Grün wiederholen.

ABSCHLUSS
Fäden aufteilen, Zöpfe flechten und verknoten.

ACHTUNG
Bei diesem Band müssen Sie sehr genau arbeiten, da sich die Farbfolgen bei den Wiederholungen immer wieder ändern.

Bänder mit Perlen, Conchas und Holz

Die Kombination mit Steinen und Holz, aber auch mit Materialien wie Keramik und Metall macht ein Freundschaftsband zum richtigen Schmuckstück.

Band mit Türkisrosette

MATERIAL
Perlgarn
Nr. 189 Grün
F1, F6, F7 und F12

Nr. 1 Weiß
F2 und F11

Nr. 399 Grau
F3 und F10

Nr. 186 Türkis
F4 und F9

Nr. 149 Blau
F5 und F8

Versilberte Rosette mit Türkis zum Aufschrauben (Leder- und Kurzwarenabteilung)

VORBEREITUNG
Fäden abschneiden, verknoten und fixieren. In der angegebenen Reihenfolge auffächern.

KNÜPFVORGANG

A Mit F6 Grün je einen rechts-gerichteten Doppelknoten über F7 bis F12, mit F6 Grün je einen links-gerichteten Doppelknoten über F5 bis F1 knüpfen.

B Vorgang A in Blau wiederholen.

C Mit F6 Türkis je einen rechts-gerichteten Doppelknoten über F7 bis F10 und einen rechts-links-gerichteten Doppelknoten über F11, mit F6 Türkis je einen links-gerichteten Doppelknoten über F5 bis F3 und einen links-rechts-gerichteten Doppelknoten über F2 knüpfen.

D Mit F6 Grau je einen rechts-gerichteten Doppelknoten über F7 und F8 und einen rechts-links-gerichteten Doppelknoten über F9, mit F6 Grau einen links-gerichteten Doppelknoten über F5 und einen links-rechts-gerichteten Doppelknoten über F4 knüpfen.

E Mit F6 Weiß einen rechts-gerichteten Doppelknoten über F7 knüpfen.

F Mit F5 Grau einen rechts-gerichteten Doppelknoten über F6, mit F8 einen links-gerichteten Doppelknoten über F7, mit F6 einen rechts-gerichteten Doppelknoten über F7 knüpfen.

G Mit F3 Türkis je einen rechts-gerichteten Doppelknoten über F4 bis F6, mit F10 Türkis je einen links-gerichteten Doppelknoten über F9 bis F7, mit F6 Türkis einen rechts-ge-

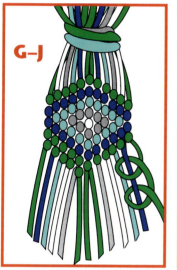

richteten Doppelknoten über F7 knüpfen.

H Mit F1 Blau je einen rechts-gerichteten Doppelknoten über F2 bis F6, mit F12 Blau je einen links-gerichteten Doppelknoten über F11 bis F7, mit F6 Blau einen rechts-gerichteten Doppelknoten über F7 knüpfen.

I Vorgang H in Grün wiederholen.

J Mit F1 Grün je einen rechts-gerichteten Doppelknoten über F2 bis F4, einen rechts-links-gerichteten Doppelknoten über F5, mit F12 Grün je einen links-gerichteten Doppelknoten über F11 bis F9, einen links-rechts-gerichteten Doppelknoten über F8 knüpfen.

K Mit F1 Weiß einen rechts-gerichteten Doppelknoten über F2, einen rechts-links-gerichteten Doppelknoten über F3, einen links-gerichteten Doppelknoten über F1, mit F12 Weiß einen links-gerichteten Doppelknoten über F11, einen links-rechts-gerichteten Doppelknoten über F11 und einen rechts-gerichteten Doppelknoten über F12 knüpfen.

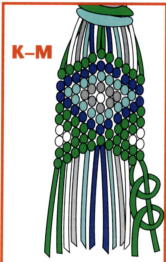

L Mit F4 Grün je einen links-gerichteten Doppelknoten über F3 bis F1, mit F9 Grün je einen rechts-gerichteten Doppelknoten über F10 bis F12 knüpfen.

M Mit F6 Grün je einen links-gerichteten Doppelknoten über F5 bis F1, mit F7 Grün je einen rechts-gerichteten Doppelknoten über F8 bis F12 knüpfen.

N Vorgang B bis M insgesamt 7mal wiederholen; dabei bei der 4. Wiederholung den Vorgang E nicht verknüpfen, sondern einfach die Spannfäden nach unten ziehen. Bei der 7. Wiederholung nur bis Vorgang I knüpfen.

ABSCHLUSS

Die Fäden aufteilen, an beiden Seiten zu Zöpfen flechten und verknoten. Durch das Loch im 4. Musterrapport die Rosette durchstecken und von der Rückseite her festschrauben.

Türkise und Glasperlen

MATERIAL

Sticktwist

Nr. 928 Hellgrau
F1 und F2

Nr. 167 Wasserblau
F3 und F4

Nr. 433 Türkis
F5 und F6

Nr. 164 Dunkelblau
F7 und F8

6 Türkise mit Bohrung, ca. 15 mm lang

4 langovale Glasperlen, 20 mm lang, 10 mm Durchmesser

42 türkise und 42 apfelgrüne Glasperlen, je 2 mm lang und 2,5 mm Durchmesser

80 cm dünne Perlonschnur

VORBEREITUNG

Die Perlonschnur halbieren. Zusammen mit den Knüpffäden verknoten. Knoten fixieren und die Fäden auffächern, die Perlonfäden bleiben seitlich hängen.

KNÜPFVORGANG

A Mit F1 Hellgrau je einen rechts-gerichteten Doppelknoten über F2 bis F8 knüpfen.

B Knüpfvorgang A so oft wiederholen, bis das Band eine Länge erreicht, die dem Umfang des Handgelenks entspricht.

WEITERVERARBEITUNG

Die Knüpffäden hängen lassen, beidseitig auf die Perlonfäden im Farbwechsel insgesamt 7 apfelgrüne und türkise Glasperlen, einen Türkis, 7 türkise und apfelgrüne Glasperlen und eine langovale Glasperle auffädeln. So oft wiederholen, bis auf jedem Perlonfaden 3 Türkise, 2 Glasperlen, dazwischen und als Abschluß die kleinen Glasperlen aufgefädelt sind. Die Perlen dicht aufeinanderschieben, bis sie die gleiche Länge wie das Knüpfband haben. Perlonfäden mit den Knüpffäden aufteilen und zum Zopf verflechten. Verknoten, die andere Bandseite gegengleich beenden.

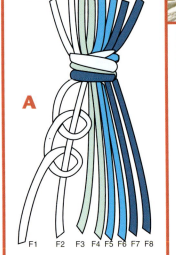

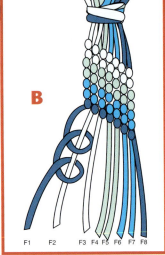

Da dieses Band dasselbe Muster wie das Übungsband auf Seite 10, nur mit zwei zusätzlichen Fäden, verwendet, ist es auch für Anfänger ganz leicht herzustellen. Ein schönes Beispiel dafür, wie mit kostbaren Accessoires aus einem einfachen Band ein Schmuckstück wird!

Streifenband

MATERIAL
Perlgarn
Nr. 374 Hellbraun F1, F2 und F3
Nr. 316 Orange F4 und F5
Nr. 298 Maisgelb F6 und F7
Nr. 295 Hellgelb F8 und F9
Nr. 278 Maigrün F10 und F11
3 silberne Metallperlen, 10 mm Durchmesser

VORBEREITUNG

Dieses Band wird mit der geflochtenen Schlinge begonnen: Je 2 Fäden in Hellbraun und je einen Faden der übrigen Farben 170 cm lang abschneiden und aufeinanderlegen. Ungefähr in Fadenmitte mit allen Fäden einen 4 cm langen Zopf flechten. Zopf mittig zusammenlegen und unterhalb Zopfanfang und -ende verknoten. Einen hellbraunen Faden dicht unter dem Knoten abschneiden. Knoten mit der Sicherheitsnadel fixieren. Fäden in der angegebenen Reihenfolge auffächern.

KNÜPFVORGANG

A Mit F1 einen rechtsgerichteten Knoten über F2, mit F2 einen rechts-links-gerichteten Doppelknoten über F3, mit F3 einen rechts-links-gerichteten Doppelknoten über F4 usw. bis mit F10 einen rechts-links-gerichteten Doppelknoten über F11 knüpfen.

B Vorgang A so oft wiederholen, bis das Band ca. 3 cm kürzer ist als der Umfang des Handgelenks.

ABSCHLUSS

Die Fäden aufteilen und zu drei ca. 12 cm langen Zöpfen flechten, jeweils eine Perle auffädeln und mit Doppelknoten sichern. Um das Band am Handgelenk zu befestigen, die Perlen durch die Schlinge schieben und verknoten.

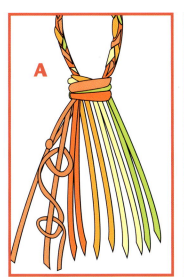

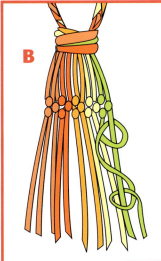

Rosenband

MATERIAL

Perlgarn

Nr. 186 Hellgrün
F1 und F14

Nr. 189 Dunkelgrün
F2 und F13

Nr. 972 Brombeer
F3, F7, F8 und F12

Nr. 968 Zartrosa
F4 und F11

Nr. 966 Lila
F5 und F10

Nr. 68 Himbeer
F6 und F9

Metallrose, 25 mm Durchmesser, mit querliegender Bohrung (Kurzwarenabteilung)

VORBEREITUNG

Fäden 90 cm lang abschneiden. Die Rose mittig auf die hell- und dunkelgrünen Fäden auffädeln. Zu beiden Seiten der Bohrung mit je einem dunkelgrünen Faden über den hellgrünen einen rechts-gerichteten Doppelknoten, mit dem hellgrünen Faden über den dunkelgrünen einen rechts-gerichteten Doppelknoten knüpfen. Diesen Vorgang mit jedem Fadenpaar insgesamt 5mal wiederholen. Dadurch befinden sich zu beiden Seiten der Bohrung je 2 hell-/dunkelgrüne Knüpfstränge.

Die übrigen Farbfäden aufeinanderlegen und mittig verknoten. Den Knoten fixieren und die Fäden entsprechend der Farbfolge von F3 bis F12 auffächern.

KNÜPFVORGANG

A Mit F7 Brombeer einen rechts-gerichteten Doppelknoten über F8 knüpfen.

B Mit F6 Himbeer einen rechts-gerichteten Doppelknoten über F7, mit F9 Himbeer einen links-gerichteten Doppelknoten über F8, mit F7 Himbeer einen rechts-gerichteten Doppelknoten über F8 knüpfen.

C Mit F5 Lila je einen rechts-gerichteten Doppelknoten über F6 und F7, mit F10 Lila je einen links-gerichteten Doppelknoten über F9 und F8, mit F7 Lila einen rechts-gerichteten Doppelknoten über F8 knüpfen.

Vorbereitung

D Mit F4 Zartrosa je einen rechts-gerichteten Doppelknoten über F5 bis F7 knüpfen, mit F11 Zartrosa je einen links-gerichteten Doppelknoten über F10 bis F8 knüpfen, mit F7 Zartrosa einen rechts-gerichteten Doppelknoten über F8 knüpfen.

E Mit F3 Brombeer je einen rechts-gerichteten Doppelknoten über F4 bis F7, mit F12 Brombeer je einen links-gerichteten Doppelknoten über F11 bis F8, mit F7 Brombeer einen rechts-gerichteten Doppelknoten über F8 knüpfen.

F Die Metallrose genau über den Mittelknoten legen, die seitlichen hell-/dunkelgrünen Knüpfstränge werden nun seitlich mit in das Band eingeflochten: Mit F2 Dunkelgrün je einen rechts-gerichteten Doppelknoten über F3 bis F5 und einen rechts-links-gerichteten Doppelknoten über F6, mit F13 Dunkelgrün je einen links-gerichteten Doppelknoten über F12 bis

F10 und einen links-rechts-gerichteten Doppelknoten über F9 knüpfen.

G Mit F1 Hellgrün einen rechts-gerichteten Doppelknoten über F2, einen rechts-links-gerichteten Knoten über F3, einen links-gerichteten Knoten über F1, mit F14 Hellgrün einen links-gerichteten Doppelknoten über F13, einen links-rechts-gerichteten Knoten über F12 und einen rechts-gerichteten Doppelknoten über F14 knüpfen.

H Mit F3 Dunkelgrün je einen links-gerichteten Doppelknoten über F2 und F1, mit F12 je einen rechts-gerichteten Doppelknoten über F13 und F14 knüpfen.

I Mit F1 5mal im Farbwechsel über F2 einen rechts-gerichteten Doppelknoten knüpfen, mit F14 5mal im Farbwechsel über F13 einen links-gerichteten Doppelknoten knüpfen.

J Mit F7 Brombeer je einen links-gerichteten Doppelknoten über F6 bis F3, mit F8 Brombeer je einen rechts-gerichteten Doppelknoten über F9 bis F12 knüpfen.

K Mit F7 Zartrosa je einen rechts-gerichteten Doppelknoten über F8 bis F11, mit F7 Zartrosa je einen links-gerichteten Doppelknoten über F6 bis F4 knüpfen.

L Mit F7 Lila je einen rechts-gerichteten Doppelknoten über F8 bis F10, mit F7 Lila je einen links-gerichteten Doppelknoten über F6 und F5 knüpfen.

M Mit F7 Himbeer je einen rechts-gerichteten Doppelknoten über F8 und F9, mit F7 Himbeer einen links-gerichteten Doppelknoten über F6 knüpfen.

N Mit F7 Brombeer einen rechts-gerichteten Doppelknoten über F8 knüpfen.

O Vorgang B bis N noch 3mal wiederholen.

P Den Knoten in der Mitte lösen und die Knüpfvorgänge auf der anderen Seite der Metallrose gegengleich arbeiten.

ABSCHLUSS

Die Fäden beidseitig so aufteilen, daß jeweils zwei Zöpfe geflochten werden können.
Die Enden verknoten.

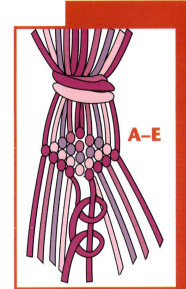

A–E

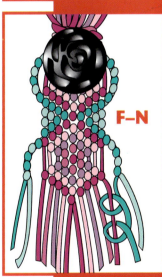

F–N

Conchas-Band

MATERIAL

Sticktwist

Nr. 44 Dunkelrot
F1, F2, F13 und F14

Nr. 132 Blau
F3, F4, F11 und F12

Nr. 326 Orange
F5, F6, F9 und F10

Nr. 380 Braun
F7 und F8

1 Conchas (Leder- oder Kurzwaren-abteilung)

VORBEREITUNG

Das Band wird von der Mitte des Conchas ausgehend geknüpft. Die Fäden wie üblich 90 cm lang abschneiden. Je 2 dunkelrote, blaue und orange Fäden und einen braunen Faden durch den Metallsteg des Conchas von hinten nach vorne und wieder nach hinten fädeln. Conchas bis zur Mitte der Fäden schieben und alle Fadenenden aufeinanderlegen. Conchas mit der Sicherheitsnadel fixieren. Jetzt die Fäden in der angegebenen Reihenfolge nebeneinanderlegen und auffächern.

KNÜPFVORGANG

A Mit F1 Dunkelrot je einen rechtsgerichteten Doppelknoten über F2 bis F7, mit F14 Dunkelrot je einen linksgerichteten Doppelknoten über F13 bis F8, mit F7 Dunkelrot einen rechts-gerichteten Doppelknoten über F8 knüpfen.

B Knüpfvorgang insgesamt 11mal wiederholen.

C Mit F1 Orange je einen rechtsgerichteten Doppelknoten über F2 bis F5, mit F14 Orange je einen linksgerichteten Doppelknoten über F13 bis F10 knüpfen.

D Mit F1 Orange je einen rechtsgerichteten Doppelknoten über F2 bis

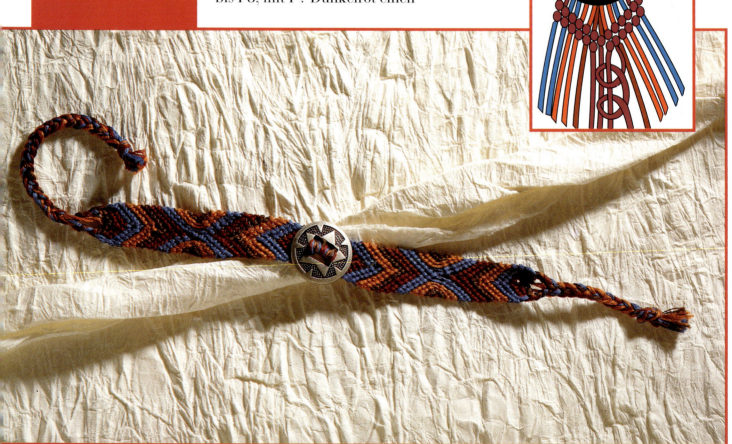

A–B

F4, mit F14 Orange je einen linksgerichteten Doppelknoten über F13 bis F11 knüpfen.

E Mit F1 Braun je einen rechtsgerichteten Doppelknoten über F2 und F3, mit F14 Braun je einen linksgerichteten Doppelknoten über F13 und F12 knüpfen.

F Mit F1 Dunkelrot einen rechts-links-gerichteten Doppelknoten über F2, und anschließend mit F14 Dunkelrot einen links-rechts-gerichteten Doppelknoten über F13 knüpfen.

G Mit F3 Braun einen links-gerichteten Doppelknoten über F2 und F1, mit F12 je einen rechts-gerichteten Doppelknoten über F13 und F14.

H Mit F4 Orange je einen linksgerichteten Doppelknoten über F3 bis F1, mit F11 Orange je einen rechtsgerichteten Doppelknoten über F12 bis F14 knüpfen.

I Mit F5 Orange je einen linksgerichteten Doppelknoten über F4 bis F1, mit F10 Orange je einen rechtsgerichteten Doppelknoten über F11 bis F14 knüpfen.

J Mit F6 Blau je einen links-gerichteten Doppelknoten über F5 bis F1, mit F9 Blau je einen rechts-gerichteten Doppelknoten über F10 bis F14 knüpfen.

K Mit F7 Blau je einen rechts-gerichteten Doppelknoten über F8 bis F14, mit F7 Blau je einen links-gerichteten Doppelknoten über F6 bis F1 knüpfen.

L Vorgang K insgesamt 11mal wiederholen.

ABSCHLUSS

Die Fäden teilen, Zopf flechten und verknoten. Die gegenüberliegende Seite mit den Knüpfvorgängen A bis L gegengleich arbeiten.

C–D

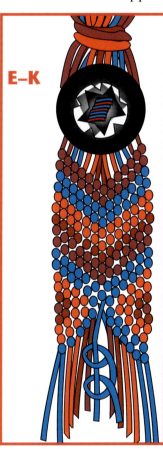

E–K

Conchas, eine Art kleiner Gürtelschließen, passen auch sehr gut zu einigen anderen Freundschaftsbändern (insbesondere zum Fischband auf Seite 18) und geben ihnen eine indianische Note.

Indianisches Band mit Holzperle

MATERIAL

Perlgarn

Nr. 403 Schwarz
F1 und F8

Nr. 132 Blau
F2 und F7

Nr. 339 Braun
F3 und F6

Nr. 336 Beige
F4 und F5

Blaue Holzperle mit geschnitztem Muster, 4,5 cm lang, 10 mm Durchmesser

VORBEREITUNG

Fäden abschneiden und durch die Bohrung der Perle fädeln. Perle bis zur Mitte der Fäden schieben. Die Hälfte der Fäden verknoten und fixieren. Die Fäden F1 bis F4 auf der linken Seite der Perle auffächern, die Fäden F5 bis F8 auf der rechten Seite. Man beginnt auf der linken Seite mit dem Knüpfen, erst nach einigen Knüpfreihen werden alle Fäden F1 bis F8 miteinander verbunden.

KNÜPFVORGANG

A Mit F1 Schwarz je einen rechtsgerichteten Doppelknoten über F2 bis F4 knüpfen.

B Vorgang A insgesamt 7mal mit Schwarz, Blau, Braun und Beige wiederholen, die letzte Reihe ist braun.

C Mit F8 Schwarz einen links-gerichteten Doppelknoten über F7 bis F5.

D Vorgang C insgesamt 7mal wiederholen, die letzte Reihe ist braun.

E Mit F4 Braun über F5 einen rechts-

gerichteten Doppelknoten, mit F4 Braun je einen links-gerichteten Doppelknoten über F3 bis F1, mit F5 Braun je einen rechts-gerichteten Doppelknoten über F6 bis F8 knüpfen.

F Vorgang E mit Blau und Schwarz wiederholen.

G Mit F4 Beige über F5 4mal im Wechsel je einen rechts-gerichteten und einen links-gerichteten Doppelknoten knüpfen.

H Mit F3 Braun je einen links-gerichteten Doppelknoten über F2 und F1, mit F6 Braun je einen rechts-gerichteten Doppelknoten über F7 und F8.

I Mit F3 Blau einen links-rechts-gerichteten Doppelknoten über F2, mit F6 Blau einen rechts-links-gerichteten Doppelknoten über F7 knüpfen.

J Mit F1 Braun je einen rechts-gerichteten Doppelknoten über F2 und F3, mit F8 je einen links-gerichteten Doppelknoten über F7 und F6.

K Mit F1 Schwarz je einen rechts-gerichteten Doppelknoten über F2 bis F4, mit F8 Schwarz je einen links-gerichteten Doppelknoten über F7 bis F5, mit F4 Schwarz einen rechts-gerichteten Doppelknoten über F5.

L Vorgang K mit Blau wiederholen.

M Mit F4 Blau je einen links-gerichteten Doppelknoten über F3 bis F1, mit F5 Blau je einen rechts-gerichteten Doppelknoten über F6 bis F8.

N Vorgang E in Schwarz wiederholen.

O Vorgänge G bis N noch 2mal wiederholen.

P Vorgang K mit Blau, Braun und Beige wiederholen.

Q Die andere Hälfte des Bandes von der Perle aus gegengleich arbeiten.

ABSCHLUSS

Die Fäden aufteilen und zu Zöpfen flechten.

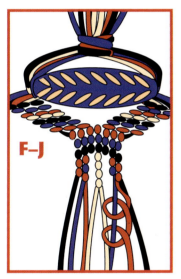

F–J

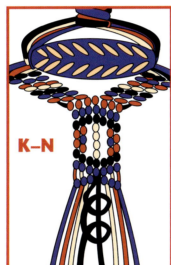

K–N

Typisch für indianische Bänder oder auch Ethnobänder ist die Verwendung der Erdfarben vom hellsten Sandbeige bis zum dunkelsten Rotbraun, kombiniert mit Schwarz und Weiß, die beide die natürliche Wirkung steigern. Indigoblau, das gerade die Naturvölker schon sehr früh kannten, ergänzt die Farbpalette.

Band mit Metallwalzen

MATERIAL
Perlgarn
Nr. 256 Grün
F1 und F8

Nr. 100 Violett
F2 und F7

Nr. 278 Gelb
F3 und F6

Nr. 132 Blau
F4 und F5

3 Messingwalzenperlen, 1 cm lang, 10 mm Durchmesser

VORBEREITUNG
Die Fäden abschneiden, verknoten und fixieren. Fäden in der Farbfolge auffächern.

KNÜPFVORGANG

A Mit F1 Grün je einen rechts-gerichteten Doppelknoten über F2 bis F4, mit F8 Grün je einen links-gerichteten Doppelknoten über F7 bis F5, mit F4 einen rechts-gerichteten Doppelknoten über F5 knüpfen.

B Vorgang A mit Violett, Gelb und Blau wiederholen.

C Mit F4 Blau je einen links-gerichteten Doppelknoten über F3 bis F1, mit F5 Blau je einen rechts-gerichteten Doppelknoten über F6 bis F8 knüpfen.

D Mit F4 Gelb je einen rechts-gerichteten Doppelknoten über F5 bis F7, mit F4 Gelb je einen links-gerichteten Doppelknoten über F3 und F2 knüpfen.

E Mit F4 Violett einen rechts-gerichteten Doppelknoten über F5 knüpfen.

F Mit F2 Gelb je einen rechts-gerichteten Doppelknoten über F3 und F4, mit F7 Gelb je einen links-gerichteten Doppelknoten über F6 und F5, mit F4 einen rechts-gerichteten Doppelknoten über F5 knüpfen.

ÜBRIGENS ...

In sogenannten Perlenmärkten, aber auch in Bastelläden oder -abteilungen findet sich eine Vielzahl an Steinen, Perlen und Metallhülsen, die man in Freundschaftsbänder mit einflechten kann. Diese Bänder werden damit zu wahren Schmuckstücken, denn die Steine sind meistens Halbedelsteine und nicht gerade billig. Entsprechend überlegt sollte man beim Einkauf vorgehen, z. B. die Farbe der Steine oder den Stil der Perlen auf Vorlieben des Beschenkten abstimmen. Am besten legt man die Steine auf einer Unterlage in der Reihenfolge nebeneinander, wie sie später eingeflochten werden sollen. Die mittleren dürfen ruhig etwas größer sein, bei den äußeren ist es für den Träger angenehmer, wenn sie nicht zu groß sind. Eine besonders auffällig gestaltete oder große Perle hat, einzeln verwendet, eine enorme Wirkung.

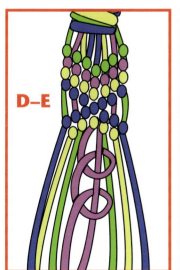

D–E

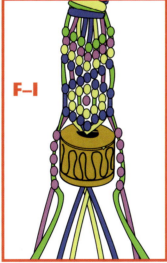

F–I

G Vorgang A in Blau wiederholen.

H Mit F2 Violett 5mal im Wechsel je einen links-gerichteten und einen rechts-gerichteten Doppelknoten über F1, mit F7 5mal im Wechsel je einen rechts-gerichteten und einen links-gerichteten Doppelknoten über F8 knüpfen.

I Eine Metallwalze auf F3 bis F6 auffädeln.

J Mit F4 Blau einen rechts-gerichteten Doppelknoten über F5 knüpfen.

K Vorgänge C bis G wiederholen.

L Mit F4 Gelb je einen rechts-gerichteten Doppelknoten über F5 bis F8, mit F4 Gelb je einen links-gerichteten Doppelknoten über F3 bis F1 knüpfen.

M Vorgang L in Grün und Violett wiederholen.

N Vorgänge A bis M noch 2mal wiederholen.

ABSCHLUSS
Die Fäden aufteilen und flechten, die Enden verknoten.

Keramikperlenband

MATERIAL

Perlgarn

Nr. 403 Schwarz
F1 und F2

Nr. 972 Violett
F3 und F7

Nr. 366 Beige
F4 und F6

Nr. 149 Blau F5

3 Keramikperlen mit farbigem Muster, ca. 17 mm lang und 12 mm Durchmesser

VORBEREITUNG

Fäden abschneiden, fixieren und entsprechend der Farbfolge auffächern.

KNÜPFVORGANG

A Mit F1 Schwarz je einen rechts-gerichteten Doppelknoten über F2 bis F7 knüpfen.

B Mit F1 Schwarz je einen rechts-gerichteten Doppelknoten über F2 bis F6 knüpfen.

C Mit F1 Violett je einen rechts-gerichteten Doppelknoten über F2 bis F5 knüpfen.

D Mit F1 Beige je einen rechts-gerichteten Doppelknoten über F2 bis F4 knüpfen.

E Mit F1 Blau je einen rechts-gerichteten Doppelknoten über F2 und F3 knüpfen.

F Mit F1 Beige einen rechts-links-gerichteten Doppelknoten über F2 knüpfen.

G Mit F3 Blau je einen links-gerichteten Doppelknoten über F2 und F1 knüpfen.

H Mit F4 Beige je einen links-gerichteten Doppelknoten über F3 bis F1 knüpfen.

I Mit F5 Violett je einen links-gerichteten Doppelknoten über F4 bis F1 knüpfen.

ÜBRIGENS ...

Ist die Entscheidung für eine bestimmte Art von Perlen oder Steinen gefallen, so ist es wichtig, die richtigen Farben des Garns auszuwählen. Hier ein Tip: Versuchen Sie, einzelne Fäden des Garns nebeneinanderzulegen, denn das ergibt eine andere Farbwirkung, als wenn man die ganzen Stränge nebeneinanderhält. Eventuell muß der ein oder andere Farbton etwas heller oder dunkler als die Perlenfarben ausgewählt werden. Generell gilt für die Farbauswahl: Schwarz steigert die übrigen Farben extrem und bringt sie zum Leuchten, weiß neutralisiert kräftige Farben und schwächt sie etwas ab. Bänder, deren Farben Ton in Ton gehalten werden, wirken eher elegant, Garne in Erdfarben und Naturtönen unterstreichen den ursprünglichen indianischen Charakter. Kombinationen von Schwarz und Weiß mit den Grundfarben Rot, Gelb und Blau erinnern an Pop-Art, in Verbindung mit Orange, Pink, Neongrün und Türkis entsteht der aktuelle Sixties-Effekt. Bei allem gilt die Devise: Sich trauen und ausprobieren!

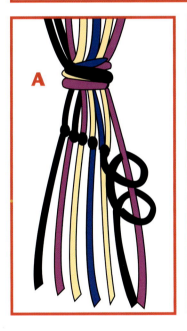

M Perle auf alle Fäden auffädeln und dicht an die letzte Knüpfreihe schieben.

N Vorgang A bis K und M noch 2mal wiederholen.

O Vorgang A nach der 3. Perle 6mal wiederholen, anschließend Vorgang B bis K wiederholen.

J Mit F6 Schwarz je einen linksgerichteten Doppelknoten über F5 bis F1 knüpfen.

K Mit F7 Schwarz je einen links-gerichteten Doppelknoten über F6 bis F1 knüpfen.

L Vorgang K noch 7mal wiederholen, die letzten beiden Reihen sind schwarz.

ABSCHLUSS
Fäden aufteilen, flechten und verknoten.

Achten Sie darauf, daß bei diesem Band die Farben des Garns auf das Perlenmuster abgestimmt werden müssen!

Bänder mit Leder, Steinen und Knöpfen

Eine andere Art Bänder als Anregung zur eigenen Kreativität, aber auch für kleine Künstler als Start zum Knüpfen.

Bastband mit Muschel

MATERIAL
Reste von Naturbast
1 türkise Lederschnur, 1 m lang
1 Muschel

Ca. 12 Bastfäden auf 19 cm Länge kürzen und bündeln. Einen Bastfaden mittig durch die Muschel schieben und ggf. mit Kleber fixieren. Muschel mittig auf das Bastbündel legen. Mit 1 cm Abstand zu beiden Seiten der Muschel das Lederband 6mal dicht um das Bastbündel wickeln und mit einem doppelten Knoten fixieren. Lederband dicht am Knoten abschneiden.

Wickelungen mit 1 cm Abstand zu den Enden des Bastbündels wiederholen, dabei aber beidseitig jeweils ein Ende der Lederschnur 7 cm lang hängen lassen. Mit diesen Schnüren wird das Band am Arm verknotet.

Bastband

Lederband mit Flußkiesel

MATERIAL
Lederstreifen, 17 x 2,5 cm
1 orangefarbene und 2 naturfarbene Lederschnüre, je 1 m lang
Flußkiesel
Lochzange oder Lederahle

Den Kiesel in der Mitte mit einem Steinbohrer vorsichtig durchbohren.

Auf der Längsachse des Lederbandes 7 Löcher mit ca. 3 mm Durchmesser einknipsen, und zwar mit folgenden Abständen zu einer Schmalseite: nach 1 cm, 2 cm, 7,5 cm, 8,5 cm, 9,5 cm, 15 cm und 16 cm.

Die Lederschnüre halbieren und durch die Bohrung im Stein stecken. Je 2 naturfarbene und eine orange Schnur von der Oberseite des Steins seitlich nach unten führen. Unter der Bohrung alle Schnüre zusammengefaßt durch das mittlere Loch im Lederband stecken. Schnüre straff auf die Rückseite des Lederbandes ziehen.

Je 2 naturfarbene und eine orange Schnur von hinten nach vorne durch die danebenliegenden Löcher stecken. Auf der Vorderseite bis zum nächsten Loch beidseitig einen Zopf flechten, Schnüre durch das nächstgelegene Loch nach hinten und durch das letzte Loch wieder nach vorne stecken. Lederschnüre unter dem Zopf durchschieben, zwischen den beiden Löchern zwischen Band und Schnüren durchschieben und fest anziehen. Die Enden der Schnüre verknoten.

Buchstabenband

Ein schnelles Geschenk für oder von Kindern, das man aber auch als Geschenkverpackung dekorativ einsetzen kann.

Jeweils 4 Fäden einer Farbe 60 cm lang abschneiden. 6 Fäden in 3 verschiedenen Farben bündeln und mittig um eine Seite des Buchstabenmittelteils wickeln. Mit den 12 Fäden beidseitig jeweils einen Zopf flechten und die Enden verknoten.

MATERIAL

Holzbuchstaben, ca. 3 cm hoch

Reste von dicken Baumwollgarnen in 3 verschiedenen Farben

Lederband

Stretch-Armband

Die Knöpfe nach Belieben auf der Mitte des Bandes festnähen. Die Enden des Gummis 1 cm breit auf die linke Seite kippen und festnähen. An den Enden einen Druckknopf annähen.

MATERIAL

Farbiges Gummiband, 2,5 cm breit. Die Länge richtet sich nach dem Alter des Kindes.

Einige Knöpfe in Form von Spitzern, Linealen, Autos, Blumen usw.

Druckknopf zum Aufnähen

Nadel und Faden

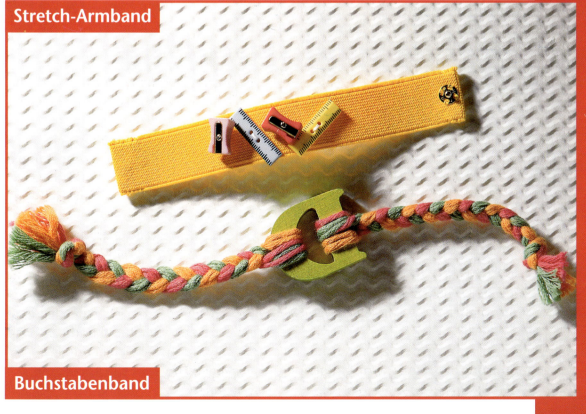

Stretch-Armband

Buchstabenband

Impressum

Heidi Grund-Thorpe

ist ausgebildete Graphikdesignerin. Ihre kreativen Bastelarbeiten und Gestaltungstips erfreuen seit längerer Zeit die Leserinnen von *Carina* und *Freundin*.

Natascha Sanwald

arbeitet als Schauwerbegestalterin und Stylistin. Beruf und Hobby verbinden sich bei ihrer Liebe zu selbstgemachten Dingen – von Geschenkaccessoires bis hin zu Kleinmöbeln. Ihre Basteltips erscheinen in diversen Frauenzeitschriften.

© 1996 W. Ludwig Buchverlag in der Südwest Verlag GmbH & Co. KG, München

2. Auflage
Alle Rechte vorbehalten
Redaktion: Margit Bogner
Redaktionsleitung:
Dr. Reinhard Pietsch
Graphik und Satz: Till Eiden
Fotos: Ulrich Kerth, München
Bildredaktion: Bettina Huber
Herstellung: Manfred Metzger
Druck und Bindung:
Istituto Grafico Bertello

Printed in Italy

Gedruckt auf chlor- und säurearmem Papier

ISBN 3-7787-3531-4